Conversations avec Romy

Mathieu **LeBlanc** Philippe **Lagarde**

LES ÉDITIONS DE LA
BAGNOLE

Pour Romy, Aksel, Charlie et Bilie-Rose

conversationsavecromy.ca

Lorsque je lisais à mes proches les réflexions de ma fille Romy, tous ceux et celles qui avaient des enfants me disaient la même chose : « J'ai toujours voulu faire ça, écrire les mots de mes enfants, mais j'ai jamais pris le temps de le faire. »

J'ai pris le temps… Même si cela voulait dire arrêter la voiture en me rendant à la garderie, à l'épicerie ou au cours de violon, quitte à être en retard. Car je me suis vite rendu compte que si je n'écrivais pas sur-le-champ ce qu'elle venait de dire, que je l'écrivais en arrivant à la maison par exemple, je perdais toute l'essence, toute la fraîcheur de ses mots.

Ce que vous allez lire dans ce recueil est le fruit de deux ans de conversations avec ma fille. Tout a commencé lorsqu'elle avait quatre ans, avec la première conversation que j'ai transcrite sur Facebook. Et depuis, je n'ai jamais arrêté.

Un beau soir d'automne bien arrosé (et je ne parle pas de la température), j'ai fait la connaissance de Philippe Lagarde. Nous avons été présentés par une amie commune. Après avoir lu quelques-uns de mes *post* de Romy, Philippe m'appela pour me dire qu'il avait envie d'illustrer les conversations entre Romy et moi. Et c'est comme ça, avec l'aide de quelques bonnes bouteilles, que le personnage de Romy est né. Philippe a su, dès le premier croquis, capter la nature de Romy.

Et depuis ce jour, quand Romy me sort une de ses fameuses répliques, je ferme les yeux et je vois le personnage qu'a créé Philippe dans l'action.

Bonne lecture !

Mathieu LeBlanc

P.-S. Si jamais vous rencontrez Romy, ne lui dites pas que j'ai publié un livre sur nos conversations. Elle pourrait mal le prendre et me faire payer pour… vu son tempérament.

1.

Romy : « Papa, je sais que tu vas mourir un jour...

Mais pas tout de suite, dans longtemps...

dans treize dodos. »

2.

Au restaurant, Romy commande des pâtes.

La serveuse arrive avec les plats :

La serveuse : « Veux-tu du fromage avec tes pâtes ? »

Romy : « Oui, s'il vous plaît. »

La serveuse : « Parmesan ou mozzarella ? »

Romy : « Heu... Ben du fromage normal, voyons ! »

3.

Romy : « Papa ? Est-ce qu'un garçon ça peut embrasser un garçon ? »

Moi : « Oui, ça peut. »

Romy : « Mais... Faudrait pas qu'y en ait trop. »

Moi : « Pourquoi ? »

Romy : « Ben, parce que si tous les garçons s'embrassent, c'est qui qui va m'embrasser quand je vais être adulte ? »

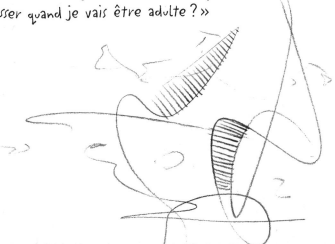

4.

Romy : « Papa, si t'arrêtes de fumer aujourd'hui, moi je fais un deal que j'arrête de faire du chialage pour toute la vie ! »

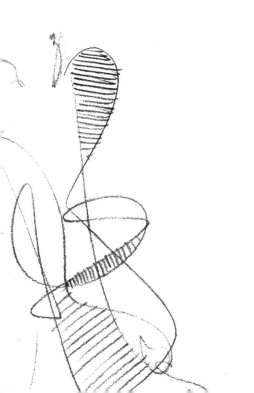

5.

Assis sur le sofa, on regarde la télé avant d'aller se coucher.

Moi : « Viens te coller. »

Romy : « Non, ça sent pas bon. »

Moi : « C'est-tu mon parfum qui sent pas bon ? »

Romy : « Non... Je sais pas c'est quoi. »

Plus tard, à l'heure du coucher, quand je la borde dans son lit :

Romy : « Je sais c'est quoi, c'est l'air qui sort de ta bouche qui sent pas bon. »

6.

On est tous à table et Romy dit à sa maman :
« C'est très bon, maman. »

Sa mère lui répond : « Ah oui ? Merci ! »
Romy : « C'est le plus bon que tu pouvais ! »

1.

Au jeu de « on dit chacun notre tour
des choses qu'on aime chez l'autre »,
voici ce que ma chère fille me dit :
« Moi ce que j'aime le plus de toi, papa,
c'est quand maman dit non
pis que toi tu dis oui après. »

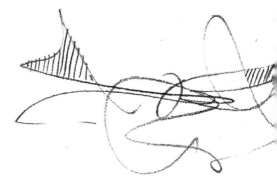

8.

Romy : « Moi, mes patates préférées, c'est les patates épilées ! »

9.

Romy : « Papa, est-ce que tu m'aurais aimée quand même
si j'étais sortie du ventre de maman pis que
j'avais été couleur chocolat comme mon ami Aïssata ? »

10.

On revient de la garderie. Son frère Aksel fait une petite crise.

Moi : « Romy, peux-tu, s'il te plaît, jouer un peu
avec ton frère pendant que je prépare le souper ? »

Romy : « C'est toi le père, c'est toi qui s'arranges. »

11.

Après le souper, je suis sur mon départ pour aller travailler à mon bar, car les Canadiens de Montréal disputent un match des séries éliminatoires...

Romy : « Moi j'aime pu ça, le hockey... »
Moi : « Pourquoi, mon amour ? »

Romy : « Parce que quand les Canadiens jouent, ça veut dire que toi t'es pas avec moi... »

Bientôt, ma fille... bientôt.

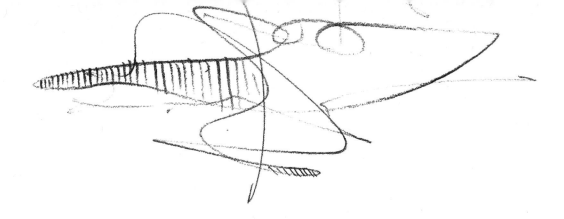

12.

Ma chère fille et moi regardons CNN, qui couvre l'ouragan Irene.
En voyant les images des rues du New Jersey pleines d'eau,
Romy fait ce seul et unique commentaire :

« Au moins, c'est bon pour les arbres. »

13.

Romy : « C'est quoi le nom de grand-papa ? »

Moi : « Daniel. »

Romy : « Non, l'autre. »

Moi : « Normand. »

Romy : « Hein ??? Même quand y était petit, c'était son nom ? C'est pas super cool comme nom d'enfant ! »

14.

Un matin, avant d'aller reconduire Romy
et son frère Aksel à la garderie :

Romy : « Papa ! Oublie pas de mettre le système de larmes. »

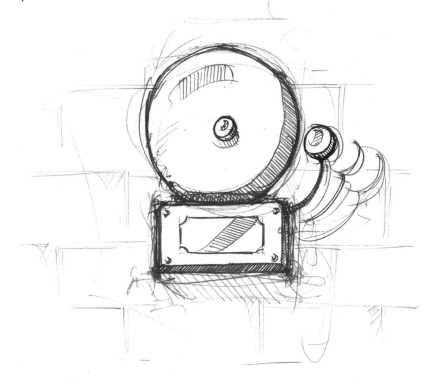

15.

Romy : « Papa ? Tu sais-tu qu'est-ce que je veux être quand je vais être une adulte ? »

Moi : « C'est quoi, mon amour ? »

Romy : « Une crème glacière ! »

16.

Romy : « Je suis trooop fatiguée. Je veux pas aller à la garderie. »

Moi : « Romy, qu'est-ce qui arriverait si, chaque fois que je suis trèèès fatigué, j'allais pas travailler ? »

Romy : « Tu travaillerais pas souvent pis on aurait pas de sous pour aller en voyage ou manger... »

Romy : « Papa, je sais qu'on va mourir pis qu'on va être pleins de petites poussières, mais on va continuer de se donner des bisous quand même ? »

Moi : « Oui, mon amour. »

Romy : « Mais on va pas mourir tout de suite, même pas dans un mois ou dans quinze mois ! »

18.

Romy : « Papa... J'ai vraiment pas hâte
d'être une adolescente. »

Moi : « Pourquoi ? »

Romy : « Parce que j'ai peur de
pas être une bonne adolescente... »

Je sais pas trop comment prendre ça !
C'est même un peu épeurant, venant
d'une petite fille de quatre ans et demi !

19.

Romy : « Papa, vomir c'est vraiment cool parce que tout le méchant y sort...
Mais l'hiver c'est vraiment plusss cool que vomir parce que l'hiver on
peut se coucher ensemble pis attendre le père Noël ! »

Je pense que ma fille a déjà commencé à fumer du pot...

20.

Je prépare le souper.

Moi : « Romy, est-ce que tu veux ton pâté chinois dans un bol ou une assiette ? »

Romy : « C'est comme tu veux, mais j'aimerais mieux dans une assiette. »

Elle décide en me donnant l'impression que c'est moi qui choisis.
Wow ! Comme sa maman !

21.

Nous sommes dans un ascenseur avec des miroirs sur tous les côtés.

Romy : « Heille, papa ! Y a plein de Romy ! Combien tu penses ? »

Moi : « Au moins trente ! »

Romy : « Y en a encore plus parce qu'on dirait que les miroirs tournent, ça va à l'infini. Est-ce que tu sais ce que ça veut dire infini, papa ? »

Moi : « Ça veut dire quoi, mon amour ? »

Romy : « C'est sans fin, ça finit jamais. Nous sur la Terre, tout le monde finit un jour... sauf Dieu et le père Noël, je pense. »

Elle réfléchit :
Romy : « Papa ? Est-ce que le père Noël a déjà été un ado ? »

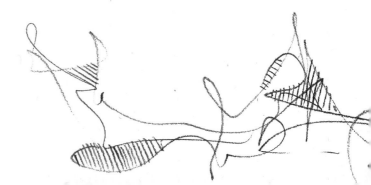

22.

Romy : «Papa ? Tu dis tout le temps que je suis ta princesse.»

Moi : «Oui, mon amour.»

Romy : «Pourquoi d'abord que tu m'achètes pas un vrai château ?»

Que répondre ?...

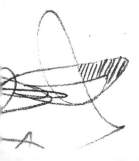

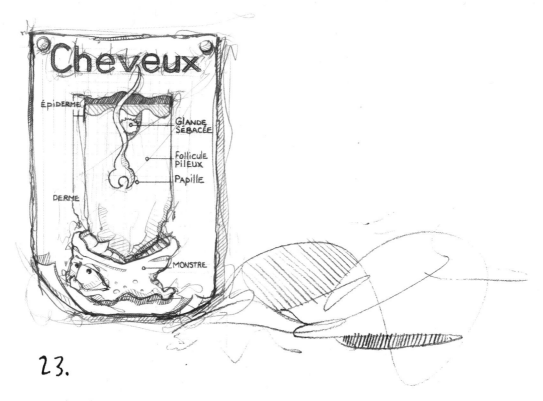

Cheveux

ÉPIDERME

GLANDE SÉBACÉE

Follicule PiLEUX

Papille

DERME

MONSTRE

23.

Voici, selon ma fille adorée, l'explication
de l'absence de cheveux chez les gens chauves :

« Papa... Moi je sais pourquoi y a des gens qui ont pas de cheveux.
   C'est parce qu'y ont des monstres dans leur tête qui mangent
leurs cheveux avant qu'y sortent de leur tête. »

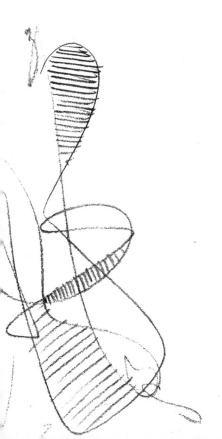

24.

Romy : « Moi je trouve que la fille là-bas est vraiment sexy. »

Moi : « Qu'est-ce que ça veut dire sexy pour toi ? »

Romy : « Ça veut dire hot. »

Moi : « Ok. Pis hot ça veut dire quoi ? »

Romy : « Ben, ça veut dire cool. »

Moi : « Cool ? »

Romy : « Haaa ! Tu peux pas comprendre, Papa ! »

25.

On mange une crème glacée et un groupe d'enfants de camp de jour passe devant nous en chantant une chanson à répondre. Je les regarde passer. Romy boude.

Moi : « Qu'est-ce qu'il y a, mon amour ? »
Romy : « Est-ce que t'as vu une petite fille plus belle que moi ??? »

Heu... Ça va la crise de jalousie !

26.

Je reviens de travailler et tout le monde est en train de souper.

Épuisé, je m'étends sur le sofa.

Romy (à sa mère) : « C'est drôle, hein ? Papa vient juste d'arriver pis j'ai déjà oublié qu'y était là. »

27.

Avec les enfants de sa garderie, Romy est allée voir le père Noël au Complexe Desjardins :

Romy : « Papa, est-ce que tu sais ce que j'ai demandé comme cadeau au père Noël ? »

Moi : « Non, mon amour. C'est quoi ? »

Romy : « Un iPad. »

Moi : « Un iPad ? Tu sais que ça coûte cher ? »

Romy : « Oui... Mais c'est pas grave si le père Noël me le donne pas, parce que sinon toi tu vas me l'acheter. »

28.

Romy et sa mère se tiraillent sur le sofa.

Julie : « Ayoye ! Ça fait mal quand tu me tires les cheveux. »
Romy : « Ah ! C'est ça avoir des enfants ! »

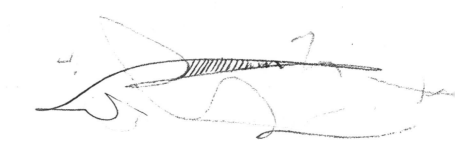

29.

Romy revient de magasiner avec sa maman.

Romy : « Regarde, papa ! Maman m'a acheté une
robe de nuit de Ariel la petite sirène ! »

Moi (qui trouve la robe de nuit un peu quétaine) :
« Wow... C'est super... beau... »

Romy : « Oui et en plus c'est cool parce que je vais sentir le poisson ! »

30.

Romy: «Papa, est-ce que tu trouves
que maman est belle?»

Moi: «Très belle.»

Romy: «Est-ce que tu penses qu'y a
d'autres papas à la garderie qui
voudraient être son amoureux?»

Moi: ...

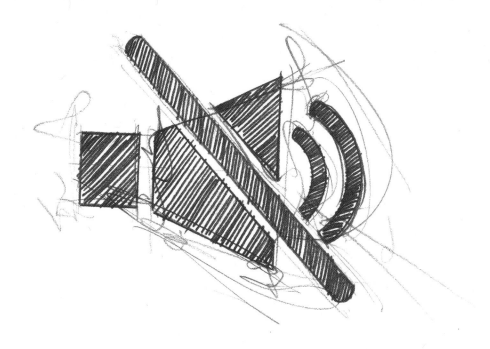

31.

Au souper, Romy fait semblant d'être muette. Après quelques minutes :

Romy : « Est-ce que ça tousse, une muette ? »

Moi : « Oui... »

Romy : « Mais... Est-ce que ça fait un son ? »

Je suis sans voix.

32.

Romy : « Papa... Si jamais un jour je te dis "j'te déteste", c'est vraiment parce que je voulais pas dire ça pis que c'est une erreur. »

Un genre d'excuse treize ans d'avance...

33.

Romy : « Papa ? Si on plante des graines de sésame dans la cour, est-ce qu'y va pousser des bagels ? »

Bon, bon, bon... Elle se prend pour Pierre Légaré ce matin ?

34.

Je joue avec Romy et je fais semblant d'être un magicien.

Moi : « Abracadabra ! »

Romy : « C'est pas ça la formule magique, papa. »

Moi : « Ah non ? C'est quoi d'abord ? »

Romy : « C'est boom chicka boom boom. »

Les premières paroles hip hop de ma fille.

35.

Dimanche après-midi, ça sonne à la porte.

Je vais ouvrir. C'est un jeune de
Médecins Sans frontières qui veut prendre
cinq minutes de mon temps...
J'ai zéro le goût (je suis en train
de regarder le football), donc je lui dis :

« Désolé, c'est vraiment pas un bon timing,
on est en train de dîner. »

Et ma fille, qui est derrière moi, corrige :
« Heu... C'est même pas vrai.
On a fini de dîner ça fait longtemps. »

36.

Romy ne veut pas manger son repas.

Romy : « Ça me donne mal au cœur. »

Moi : « Romy, mange ton assiette. »

Romy : « Mais qu'est ce que tu préfères ?
Que je vomisse ou que je mange pas mon assiette ? »

37.

Romy ne fait pas attention en mangeant sa collation.
Moi : « Romy ! Fais attention quand tu manges, tu n'es plus un bébé. »
Romy : « Aimerais-tu mieux avoir une autre petite fille ? »
Moi : « Jamais ! »

Romy : « Parce que si t'es pas content, maman peut t'en faire une autre. »

38.

Romy a fait un bricolage à la garderie. C'est une fée en styromousse.

Pour faire tenir la tête droite, ils ont utilisé des épingles à coudre.

Donc, elle n'a pas le droit de laisser traîner la fée par terre à la maison pour ne pas que son frère de deux ans, Aksel, joue avec les épingles.

Et bien sûr, elle l'a laissée traîner... Donc je confisque la fée en styromousse en lui disant que c'est très dangereux et que je ne suis pas content.

Romy : « Ben, t'as juste à dire à l'éducatrice que c'était pas vraiment responsable de mettre des épingles, ça me regarde pas... »

Sérieusement ? Cinq ans ?

39.

On est à l'épicerie et Romy s'arrête devant un carton grandeur nature de Sidney Crosby. Elle réfléchit.

Romy : « Lui, on le voit vraiment beaucoup.
Ou y est vraiment bon, ou y est super pas bon. »

40.

Moi : « C'est quoi la chose que t'aimerais le plus faire avec moi cette semaine ? »

Romy : « Premièrement, y en a trois. La première c'est aller au Pizzedelic, la deuxième c'est aller au cinéma... et... »

Moi : « Ça peut aussi être quelque chose de nouveau. »

Romy : « Ben... ça c'est pas mal nouveau : la troisième chose, c'est que tu m'achètes un iPad. »

41.

Romy : « Est-ce que quand je vais exister, toi tu vas être mort ? »

Moi : « Tu existes déjà Romy. »

Romy : « Ben non papa, là j'suis juste un enfant, j'suis pas encore un adulte ! »

42.

Romy : « Papa ? Est-ce que tu savais que les voleurs c'est des gens qui sont pauvres ?
Pis au lieu de faire de la musique pour gagner des sous, ils volent. »

Pour ma fille, un voleur, c'est un pauvre
qui a décidé de ne pas devenir musicien.

43.

Romy : « Maman, arrête de faire la vaisselle, je vais m'en occuper tantôt. »

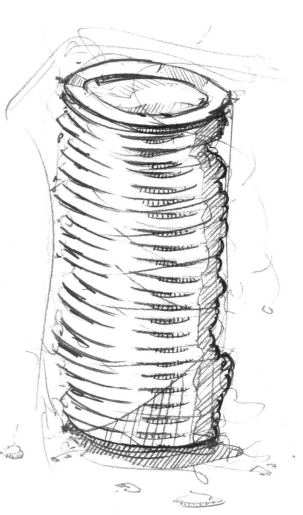

44.

On revient de la cabane à sucre.

Romy : « Papa ? Le jambon, ça vient du cochon ? »

Moi : « Oui, c'est la fesse du cochon. »

Romy : « Pis quand on mange des oreilles de crisse, c'est quel animal un crisse ? »

45.

On regarde la télé et il y a une annonce de voitures avec le père Noël.

Romy : « Moi, j'pense que c'est pas le vrai père Noël
parce que le vrai père Noël a pas le temps de faire des annonces,
il est trop occupé à préparer des cadeaux pis à faire ses choses. »

46.

Romy : « Papa, j'ai pas le goût de devenir un adulte. »

Moi : « Pourquoi ? »

Romy : « Parce que je veux pas avoir d'enfant, parce ce que j'ai peur qu'y passe pas pis que les docteurs rouvrent mon ventre pour le sortir. »

La césarienne vue par Romy.

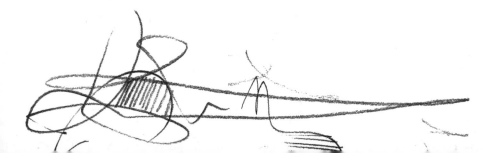

47.

Romy : « Moi, en tous cas,
si je trouve un bébé vampire,
je chercherai pas ses parents ! »

Pas folle, la petite !

48.

Romy : « Moi, quand je vais être un adulte,
je veux avoir un travail pas loin, pour rester avec vous. »

Moi : « Quel travail, tu penses ? »

Romy : « C'est sûr, pas astronaute. »

49.

Romy : « Maman ? Est-ce que c'est les parents qui décident si les enfants ont une religion ? »

Maman : « Oui, c'est les parents. »

Romy : « Pis nous, est-ce qu'on en a une ? »

Maman : « Non, nous on a décidé de ne pas en avoir. »

Romy : « Pourquoi ? »

Maman : « Parce qu'on trouve que les religions ça sépare les gens...

Imagine que tu aimes un garçon plus tard, mais qu'il ne peut pas ou ne veut pas être avec toi parce que tu n'as pas sa religion. Qu'est-ce que tu ferais ? »

Romy : « Je... »

Elle réfléchit.

Romy : « De toute façon, maman, je vous fais confiance à toi et papa. »

50.

Romy me parle d'une amie dont je n'arrive pas à me souvenir.

Moi : « C'est une amie de la garderie ? »
Romy : « Non, c'est une amie d'enfance. »

51.

Toujours la même discussion à propos de la petite amie.
Moi : « Elle a ton âge ? »
Romy : « Euh… non, elle a SON âge. »

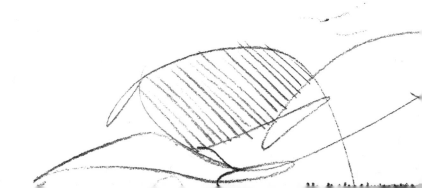

52.

Romy : « Papa, si t'avais pas rencontré maman,
je l'aurais quand même aimée mon autre maman. »

Y a quelque chose que
t'as pas compris, mon ange...

53.

Romy : « Papa, les gens qui font la guerre devraient venir à ma garderie. »

Moi : « Heu... Pourquoi ??? »

Romy : « Parce que nous à la garderie on se tue pas,
il faut qu'on se parle pour régler nos disputes. »

54.

Romy : « *Tu sais, papa, une chance que les gens y meurent.* »

Moi : « … Pourquoi ? ? ? »

Romy : « *Parce que sinon y aurait pas assez de maisons pour tout le monde.* »

55.

Romy regarde le film *The Polar Express* pendant le temps des fêtes. À la fin du film, elle est triste.

Moi : « Qu'est-ce qu'il y a, mon amour ? »

Romy : « C'est juste que j'ai de la peine pour les lutins du père Noël parce qu'eux, ils ont jamais de cadeaux. »

56.

On revient de la garderie. Romy joue avec une paire de jumelles en plastique.

Elle fait semblant de regarder des chenilles dans les arbres.

Évidemment, Aksel veut aussi avoir les jumelles et Romy décide
pour une fois de partager sans que j'aie à intervenir.

Mais Aksel ne veut plus les redonner et la chicane pogne.
Romy tire sur les jumelles de son bord et Aksel du sien, les jumelles
cassent en deux morceaux. Cris et larmes des enfants.

Moi : « Ben voilà, c'est ça qui arrive quand on ne veut pas partager. »

Romy : « C'est ta faute, Aksel ! »

Aksel : « Non, c'est TA faute ! »

Moi : « C'EST LA FAUTE DES DEUX ! »

Et Romy de conclure : « Non, c'est la faute du jouet. C'est en plastique, c'est cheap !!! »

57.

Moi : « Je t'aime plus que tout ce qui existe ! »

Romy : « Pas moi. »

Moi : « ??? »

Romy : « Je t'aime plusss que tout ce qui existe pas !
Pis ça, y en a ben pluss. »

Romy ~~LeBlanc~~ Reeves

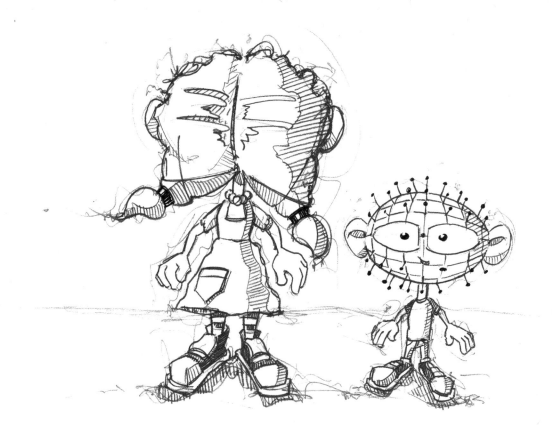

58.

Romy : « À quoi y pensent les gens qui font des films pis qui mettent des monstres ?
Y pensent pas au p'tits enfants qui pourraient les voir le soir pis faire des cauchemars ?

En tous cas moi, si je fais des films, ça va être avec des *monsieurs normal.* »

59.

Romy : « Tu sais, papa, quand tu vas être un grand-papa,
ça se peut que tu ne sois plus amoureux avec maman... »

60.

Un soir, après avoir lu un extrait du *Petit Prince*,
on est collés et Romy est songeuse.

Romy : « Dieu, c'est quelqu'un qui décide comment la ville à marche.
Mais maintenant Dieu y est mort. Maintenant Dieu, c'est la Lune.

Fait que les astronautes y vont sur Dieu. »

61.

Après que j'aie mis son frère Aksel
en conséquence parce que Romy voulait
dessiner seule et qu'il lançait les crayons partout,
voici le commentaire de ma fille regardant
son frère assis sur la chaise de conséquences :

« Ben c'est comme ça, y a du temps
pour maman et papa, du temps pour Aksel,
pis y a du temps pour moi. »

62.

Romy : « Papa, maman elle a quel âge ? »

Moi : « Trente-cinq ans. »

Romy : « Pis toi t'as quel âge ? »

Moi : « Trente-sept ans. »

Romy : « C'est qui le plus vieux ? »

Moi : « C'est moi. »

Romy : « Ça veut dire que tu vas mourir en premier. »

J'aurais aimé qu'elle mette un point d'interrogation à sa phrase.

63.

Dans l'avion, j'explique à Romy pourquoi
la madame n'a plus de cheveux.

Je lui dis qu'elle a une maladie qui s'appelle le cancer.
Et que pour guérir, parfois on prend des médicaments
qui font que nos cheveux tombent.

Voici ce que ma fille, dans toute son innocence, me répond :

« C'est comme si la madame avait attrapé l'automne. »

Tu es extraordinaire, ma fille. Je t'aime.

64.

Romy est étendue nonchalamment (comme une ado!)
sur le sofa et regarde une émission de télé où on explique
comment ça se passe lors des accouchements.

Le docteur est en train d'expliquer la perte des eaux.

Romy : « Papa... Comment ils tiennent debout
les mamans après qu'elles perdent leurs os? »

65.

Romy : « Pourquoi quand toi pis maman vous êtes fatigués, c'est moi qu'y faut qu'y aille me coucher ? »

66.

Romy : « Tu savais-tu, papa, que les grenouilles se cachent sur des fleurs de têtards ? »

67.

On revient de la garderie. À l'arrière de la voiture, Romy est songeuse.

Romy : « Tu sais, papa, moi aussi des fois j'aimerais ça avoir une religion.

Comme ça quand j'aimerais pas quelque chose à la garderie, je pourrais dire que je peux pas en manger à cause de ma religion.

Pis ils seraient obligés de me faire d'autres choses comme à Karim. »

Romy ~~LeBlanc~~ Bouchard-Taylor

68.

Le parrain de Romy, Patlav, va reconduire Romy et Aksel à la garderie, car je me suis blessé gravement au dos. Ça fait trois jours que je suis couché. Une fois arrivée à la garderie et prête à aller dans son local, voici ce que Romy hurle à Patlav dans le corridor :

« Là, y va falloir que tu ailles essuyer les fesses de papa ! »

69.

Romy : « Maman, en connais-tu un, toi, un inconnu ? »

70.

Romy : « Papa, une fille qui a des ailes et qui vole, on appelle ça une fée ? »
Moi : « Oui. »

Romy : « Ok... Pis un gars qui a des ailes et qui vole, on appelle ça comment ? »

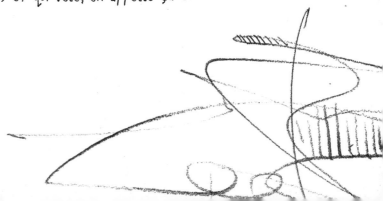

71.

Élections 2012, Romy me demande ce que signifie voter. Je lui explique le concept.

Romy : « Pis c'est quand que je vais aller voter ? »

Moi : « Juste quand tu vas avoir dix-huit ans, mon amour. »

Romy : « Ben en tous cas, moi je vais voter quand même dans ma tête. »

72.

J'explique à ma chère fille que la police

a arrêté des voleurs aujourd'hui, des voleurs
qui volent des restos et des bars avec des fusils.

Romy : « Papa, si les voleurs ont un fusil
pis y veulent te tuer, il faut que tu te baisses. »

Moi : « Et s'ils baissent leurs fusils ? »
Romy : « Ben... (Quelques secondes passent.)
Avant qu'y tirent, il faut que tu coures
de toutes les vitesses. »

73.

Romy : « Papa, est-ce que tu sais sa vient d'où les jelly beans ? »

Moi : « Non... »

Romy : « En vrai, les jelly beans, c'est des fraises de nuages.

C'est dans un autre pays que personne connaît
pis les jelly beans tombent des nuages
pis des fois y a des avions qui les ramassent
et qui nous les apportent. »

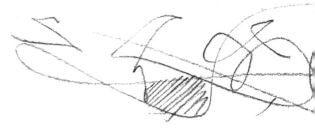

74.

On s'est fait cambrioler notre maison.

On explique donc aux enfants ce que ça veut dire et ce que ça implique.
En gros, que des gens sont venus dans notre maison pendant qu'on
était ailleurs et qu'ils ont pris plein de choses à nous.

Sûrement après avoir pensé à ça toute la journée, Romy demande :

« Maman, est-ce que toi, quand tu étais petite,
tu t'es déjà fait voler des choses dans ta maison ? »

Maman : « Non, mon amour, ça nous est jamais arrivé. »

Romy : « Ah oui ! C'est vrai, toi ton père y vous protégeait... »

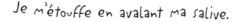

Je m'étouffe en avalant ma salive.

75.

Moi : « Comment ça a été à la maternelle aujourd'hui ?
Est-ce qu'y a eu quelque chose de spécial ? »

Romy : « Oui ! On a vu un morceau de théâtre ! »

76.

C'est le matin et on déjeune.

Romy : « Tu sais hier au souper, papa,
tu as roté et tu t'es pas excusé après. »

Moi : ...

Romy : « J'ai pensé qu'on pourrait faire
un tableau avec des cases pis
qu'à chaque fois que tu t'excuses après avoir fait un rot,
on met un collant et après dix tu pourrais avoir une récompense.
Comme pour Aksel avec les pipis dans la toilette. »

77.

On se promène tranquillement
main dans la main dans la rue Masson.
Ça fait plusieurs fois que l'on croise
des femmes voilées.

Romy : « Papa, y en a beaucoup des madames
avec des foulards dans les cheveux. »

Moi : « Oui c'est vrai, Romy. »

Un ange passe...

Romy : « Mais pourquoi on n'en voit pas
dans les manifestations de casseroles ? »

78.

Romy : « Le plus gros des bobos, c'est quand on meurt.
Papa, quand tu vas mourir, je vais te tenir la main et on va mourir ensemble. »

79.

Je suis couché avec ma fille dans son lit après avoir lu une histoire avant le dodo.
Elle a beaucoup grandi depuis quelques mois, donc on a moins de place qu'avant dans son petit lit.

Romy : « Papa, je veux rester avec toi toute la vie, mais pas la nuit. »

80.

Romy : « Papa ? Qu'est-ce que ça veut dire smart en français ? »

Moi : « Ça veut dire intelligent. »

Romy : « Fait que quand on mange des Smarties on devient plus intelligent ? »

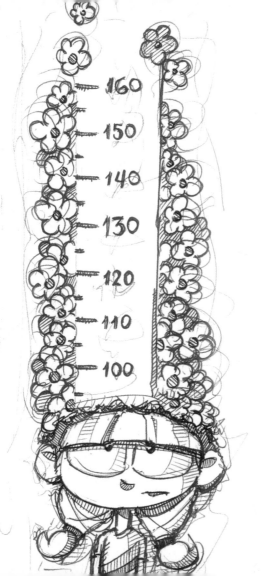

81.

Romy : « Papa ? Est-ce que toi et maman vous dormez dans le même lit parce que vous êtes de la même grandeur ? »

82.

Romy : «Mes souliers sont trop serrés.
Lui y est trop serré, pis lui y est presque correct.

On en achètera juste un, celui qui est trop serré.»

83.

Romy veut acheter un cadeau à son amie Raphaëlle.

Moi : « Tu sais, Romy, on n'est pas obligés de toujours acheter des choses pour faire des cadeaux, on peut aussi faire des dessins par exemple. »

Romy : « T'aimerais ça, toi papa, mettons à ta fête, recevoir des dessins ? »

84.

Nous sommes à table en train de souper. Il y a un silence de quelques secondes et puis :
Romy : « Maman, si jamais t'as un nouveau amoureux, j'aimerais ça qu'y soit beau. »

Euh... Allô ? Est-ce que je vous dérange ?

85.

Un soir, lors du souper, les enfants sont insupportables, se lèvent de table toutes les deux minutes et ils n'écoutent pas les consignes.

Bref ils sont des enfants... Sauf que cette fois je décide que, dorénavant, nous serons plus sévères lors des repas.

Moi : « Romy, Aksel, à partir de demain, quand on mange, on ne se lève pas de table. Si vous vous levez, votre repas est terminé et il n'y a pas de dessert. Vous mangerez le lendemain matin. »

Romy : « Y aurait fallu que tu commences à faire ça quand j'avais deux ans, là y est trop tard. »

86.

J'essaie d'expliquer à Romy qu'elle est encore un peu trop petite pour avoir un hamster, que c'est beaucoup de travail et de responsabilités avoir un animal.

Romy : « C'est même pas juste !
Parce que quand j'avais presqu'un an j'avais un chien !
Pis un chien, c'est ben plus de responsabilités qu'un hamster ! »

87.

Romy : « Papa, au lieu d'être impatient tu devrais faire des conséquences. »

Moi : « Euh... »

Romy : « Mais faudrait que tu te dépêches parce que là j'ai cinq ans, mais quand je vais en avoir douze ou treize tu ne pourras plus me mettre en conséquences... no way. »

88.

Romy: «Papa, moi j'ai une idée pour les gens qui ont pas de choses à manger pis à boire.»

Moi: «C'est quoi?»

Romy: «C'est qu'au lieu que ça soit des gens dans les avions pour aller à Cuba, on mette de la nourriture pis de l'eau à la place.»

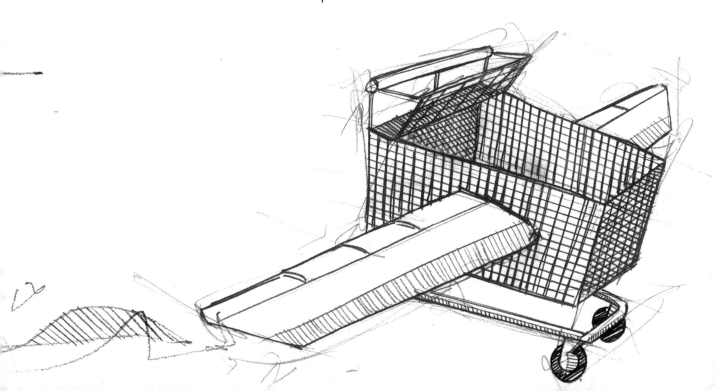

89.

Romy est en train de s'habiller pour partir à la garderie.

Elle est assise sur le petit banc d'entrée et tente d'enfiler ses
bottes tout en tenant un biscuit au chocolat dans sa main.

Ne voulant pas se pencher pour les mettre, et ne voulant surtout pas
déposer le biscuit, elle me demande à plusieurs reprises de lui mettre ses bottes.

Et moi de lui répondre, chaque fois, qu'elle est capable comme une
grande, qu'elle n'a qu'à déposer son biscuit.

Mais elle s'obstine. Voici la conversation qui s'ensuit
(j'aimerais juste rappeler que c'est une conversation avec une fillette de CINQ ANS!!!):

Moi: «Heille, je suis pas ton serviteur!»

Romy: «Je SAIS que t'es pas mon serviteur!!!
Est-ce que c'est TOI qui as ramassé ma chambre pis fait mon lit ce matin?
Heu... Non. C'est moi. Fait que t'es vraiment pas mon serviteur!»

90.

Nous regardons le débat des chefs aux élections du Québec de 2012.
Françoise David prend la parole.

Romy : « Pourquoi la madame est mal habillée ? »

91.

On regarde l'émission de télé *Les Bobos*.

Romy : « Maman, on dirait que c'est toi et papa. »

Elle exagère.

92.

Je vais reconduire Romy à la maternelle. Je la laisse dans son local en lui donnant deux becs et en lui disant : « À tantôt, mon amour ! »

Romy : « Pourquoi tu dis à tantôt ? »

Moi : « Euh... Parce que je vais venir te chercher à la fin de la journée. »

Romy : « Ouin, mais c'est pas tôt, c'est dans longtemps la fin de la journée, tu devrais dire à tantard. »

93.

Romy : « Pour Noël, je voudrais un volcan qui crache du chocolat de la Saint-Valentin. »

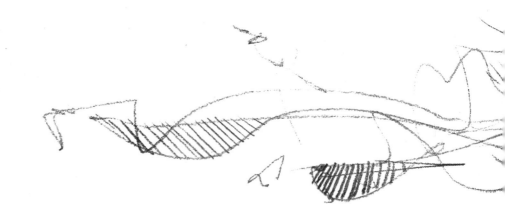

94.

Romy : « Tu sais, papa, moi j'ai comme un cœur invisible.
Le jour c'est correct j'y pense pas, mais le soir quand il fait noir mon cœur se vide vite. »

95.

Un soir de novembre, au retour de la maternelle, out of nowhere :

Romy : « Des fois les garçons prennent
une cigarette dans leur bouche, se mettent
un manteau de cuir et s'accotent sur un mur
pour que les filles les trouvent beaux.
Pis des fois y a une fille qui devient amoureuse,
mais lui le garçon l'aime pas, alors il est pris
avec une fille qu'il ne voulait pas ET la cigarette
parce que il ne peut plus arrêter.

PIÈGE ! »

96.

Romy : « Papa, j'aimerais ça que tu m'aides demain à l'école. »

Je suis très fier que ma fille de six ans me demande de l'aide pour un projet scolaire.
Mais non, c'est d'une autre forme « d'aide » qu'elle a besoin :

Romy : « C'est juste que Théo, le gars que je trouvais cute, ben je ne le trouve plus cute.
Mais le problème c'est qu'y en a un nouveau que je trouve super cute
mais je sais pas comment y s'appelle. Pis je veux que tu trouves son nom. »

97.

Romy : « Papa, à quelle heure la neige elle arrive ? »

Moi : « Je ne sais pas, mon amour, mais bientôt. »

Romy : « Parce que là les feuilles sont fatiguées de tomber. »

98.

Romy : « Papa ? Est-ce que les gens qui ont attrapé le cancer
et qui vont mourir se brossent quand même les dents, le soir ? »

99.

Après avoir mis Aksel en conséquence dans sa chambre parce qu'il avait donné un coup à Romy, voici ce que ma fille du haut de ses six ans me dit :

Romy : « Là, papa, achète pas de cadeaux à Aksel pour Noël.
On va y donner une leçon. »

100.

Je vais magasiner avec Romy sur l'avenue du Mont-Royal.
Pendant que je mets de l'argent dans le parcomètre:

Romy: « Pourquoi, papa, tu mets plus de sous dans celui-là que quand on va dans l'autre magasin sur l'autre rue ? »

Elle parle de la rue Masson.

Moi: « Ah! Mon amour... Parce qu'ici, le chef de la ville ne veut plus que les gens viennent magasiner, il voudrait que les magasins ferment puis qu'il y ait juste du gazon pis des fleurs. »

Romy: « Ben, pourquoi y déménage pas dans la campagne ? »

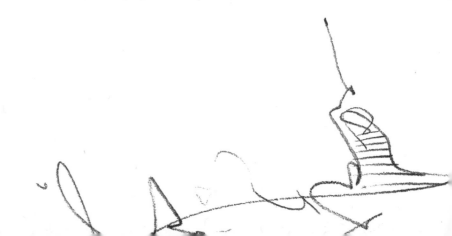

101.

PREMIÈRE CONVERSATION D'AKSEL...

Il est tout nu et se regarde devant un grand miroir :

« Moi, beau. »

Ça s'annonce bien.

Catalogage avant publication de Bibliothèque et Achives nationales du Québec
et Bibliothèque et Achives Canada

LeBlanc, Mathieu, 1975-

Conversations avec Romy

ISBN 978-2-89714-046-5

1. Enfants - Citations. 2. LeBlanc, Romy - Citations. I. Lagarde, Philippe, 1973- . II. LeBlanc, Romy. III. Titre.

PN6328.C5L42 2013   305.233   C2013-940246-2

Design graphique : Andrée Lauzon
Révision : Michel Therrien

© 2013, Les Éditions de la Bagnole,
Mathieu LeBlanc et Philippe Lagarde

Tous droits réservés

ISBN 978-2-89714-046-5

Dépôt légal : 2ᵉ trimestre 2013
Bibliothèque et Archives
nationales du Québec
Bibliothèque et Archives Canada

GROUPE VILLE-MARIE LITTÉRATURE
Vice-président à l'édition : Martin Balthazar

LES ÉDITIONS DE LA BAGNOLE
Éditrice et directrice littéraire :
Jennifer Tremblay

Groupe Ville-Marie Littérature inc.
Une société de Québecor Média
1010, rue De La Gauchetière Est
Montréal (Québec) H2L 2N5

Tél. : 514 523-1182 ·
Téléc. : 514 282-7530
info@leseditionsdelabagnole.com
leseditionsdelabagnole.com

Nous reconnaissons l'aide financière du
gouvernement du Canada par l'entremise
du Fonds du livre du Canada (FLC) pour
nos activités d'édition.

Nous remercions le Conseil des arts
du Canada de l'aide accordée à notre
programme de publication.

Les Éditions de la Bagnole bénéficient
du soutien financier de la Société de
développement des entreprises culturelles
du Québec (SODEC) pour leur programme
d'édition.

Gouvernement du Québec – Programme
de crédit d'impôt pour l'édition de livres –
Gestion SODEC

DISTRIBUTION EN AMÉRIQUE DU NORD

Canada et États-Unis
Messageries ADP*
2315, rue de la Province
Longueuil (Québec) J4G 1G4
Pour les commandes : 450 640-1237
messageries-adp.com

*Filiale du groupe Sogides inc. ;
filiale de Québecor Média inc.

DISTRIBUTION EN EUROPE

Librairie du Québec/DNM
30, rue Gay-Lussac
75005 Paris
Pour les commandes : 01 43 54 49 02
direction@librairieduquebec.fr
librairieduquebec.fr

Imprimé au Canada